Linda Bellon

wenn worte vom himmel fallen

poesie

Bibliografische Information der Deutschen Nationalbibliothek: Die Deutsche Nationalbibliothek verzeichnet diese Publikation in der Deutschen Nationalbibliografie; detaillierte bibliografische Daten sind im Internet über http://dnb.dnb.de abrufbar.

www.lebensraum-bellon.de

Umschlag: Foto Linda Bellon

Verlag: BoD · Books on Demand GmbH, Überseering 33, 22297 Hamburg, bod@bod.de

Druck: Libri Plureos GmbH, Friedensallee 273, 22763 Hamburg

ISBN: 978-3-7693-4003-7

Linda Bellon schöpft aus einem reichen Erfahrungsschatz eines erfüllten und bewegten Lebens. Seit vielen Jahren verheiratet und Mutter von 4 erwachsenen Kindern verkörpert sie Beständigkeit und die Kunst, Wandel und Stabilität miteinander zu verbinden. Als systemischer Coach unterstützt sie Menschen dabei, ihre persönliche Balance zu finden und neue Perspektiven zu entwickeln.

Ihre Gedichte und Texte entstehen aus der tiefen Auseinandersetzung mit Seelenthemen und reflektieren ihre Leidenschaft für das Leben, die Kunst und die Sprache.

Mit einem feinen Gespür für Zwischentöne und einem klaren Blick für das Wesentliche lädt Linda Bellon ihre Leser*innen ein, innezuhalten und das eigene innere Erleben neu zu betrachten.

Linda Bellon

wenn worte vom himmel fallen

poesie

ich möchte sitzen bleiben

ich sitze am anfang der

rutsche und warte

ich möchte nicht hinausgeschleudert

werden

ins neue jahr

in einer geschwindigkeit

die nicht meine ist

ich möchte nicht im strudel

des karussells sitzen

und alles drum rum wirkt

schwindelerregend

ich möchte sitzen bleiben

ich möchte selbst den moment

bestimmen

wann es für mich zeit ist

hineinzurutschen in das neue jahr

ich möchte sitzen bleiben

ich möchte in die ferne schauen

heimat

jahreszeiten erleben

immer wieder neu

immer wieder alt

sonnenuntergänge

nie waren sie so schön

oder doch

wind in meinem haar

wangen kühl

nase läuft

heimat

kaffeetrinken

muffin essen

heimat ist zuhause

der morgen erwacht

einkehr

rückkehr

umkehr

den funken wieder entdecken

um das feuer neu zu entfachen

bis es brennt

lodert

lichterloh

in den himmel bis zu den sternen

sie fast berühren

herabsinken die nebligen schwaden

rauchdurchflutete nacht

noch glimmt die asche

es knistert

der morgen erwacht

augenblick

zwei augen

ein blick

ein moment des innehaltens

der atem stockt

begegnung im herzen

aufatmen

gemischt geboren

ein weißes tuch

getaucht in rote farbe

gebatikt

schattiert

gemischt

zwei herzen in einer brust

gemischt geboren

unbewusste dissonanz

weiss

rosé

mehr rot oder weiß

gemischt geboren

harmonie durch lebendigkeit

ich liebe diese farbe: rosé

zuhause in mir

neugier

vorahnung

erwartung

sich einlassen

der raum

die begegnung

die spannung

stille

jetzt

berührt

in resonanz mit schwingenden wellen

phantasiebeflügelt

wohlig umspült

einkehr

ruhe

zuhause

liebe

bist du es

die mich hört

auch wenn ich nicht spreche

bist du es

die mich spürt

auch wenn ich dich nicht berühre

bist du es

die mich sieht

auch wenn ich dich nicht anschaue

bist du es

die mich fängt

wenn ich falle

ich fühle mich getragen

es sind die begegnungen mit
menschen
die kurzen blicke des himmlischen
einigseins
des verstehens
das wohlwollen dem anderen
gegenüber
was mich tief berührt
diese tankstellen des menschseins
des gemeinsamen weges
und das wissen
dass unsere zeit begrenzt ist
vielleicht ein irrtum
trügerische gewissheit und
alles ist doch ganz anders

ich will es glauben

alles ist eins

und in dieser verbundenheit fühle ich

mich getragen

zwei herzen in meiner brust

laut will ich sein
unbeherrscht und wild
schreien vor freude am leben zu sein
einmal ja gesagt zu einem weg des
wahnsinns
den sprung ins ungewisse gewagt
angekommen auf der lebensleiter
gedämpft
gedrückt und leise
schreien vor wut und trauer
vergangener tage
ohne lachen
ohne freude
mich zurückgenommen
angepasst aus furcht nicht zu
genügen

mein herz will eins sein

eins in einer brust

vereint

laut will ich sein

dass ich mich hören kann

warte auf mich

wo bist du

stille seele

sprudelnder quell meines selbst

ich sah dich funkeln

kurz

fast hätt' ich dich erfasst

bleib noch ein bisschen

ich bin bereit

warte auf mich

ich komme

energie

was ist das

sie trifft unverhofft auf fruchtbaren

boden

wie sonnenstrahlen das herz

berühren

erwacht ein kitzeln im bauch

die liebe

ist es

die mich hört

auch wenn ich nicht spreche

die liebe ist es

die mich spürt

auch wenn ich

sie nicht berühre

die liebe ist es

die mich sieht

auch wenn ich sie nicht anschaue

sie ist es

die mich fängt

wenn ich falle

mein baum

verwurzelt

krumm

gebogen und alt

weise ragst du über mir

ehrfürchtig schmiege ich mich

an dich

und streichle deine spröde haut

samtweich vom moos bedeckt

in leuchtendem grün

sonnengeküsst

hab dich gefunden

für immer

eins

mein weg

ich laufe

gehe oder springe

spaziere

renne oder stehe

es liegt an mir

meinen weg zu gehen

es liegt an mir

mein leben zu leben

es liegt an mir

ich entscheide

ich steh auf deinen füßen

wohlig warm

spür ich deine zehen durch die

wollenen strümpfe

wohin du gehst

ich geh mit

ob groß oder klein

schritt für schritt

bis es holpert

wir fast stolpern und fallen

wir lachen

halten uns fest

lebensfreude

meinen weg

meinen weg gehe ich

wohin ich schaue

optionen

verwirrt ist mein verstand

unfähig zu entscheiden

der vielfalt erlegen

matt und stumpf ist mein blick

mich lösen vom alten

im vertrauen auf neues

atemholen

hier sein

im jetzt liegt die klarheit

leben ist

ich nehme das glück

ich nehme das glück mit vollen
händen
ganz und gar aus vollem herzen
ja
ich nehm's
das geschenk des lebens
das kribbeln in meinen händen
die freude
die lebendigkeit kehrt zurück
ja
ich nehm's ohne reue
ohne angst
es könnt verloren gehen
ja
ich nehm's
ich hab's verdient

demut

ein paar schritte und

ab in die höhe

mein blick schwindelt

noch

jetzt wird es ruhig

mein puls legt sich

der wind rauscht in meinen ohren

ich höre die flügel schlagen

hoch und höher fliegen wir

bis ich dich verlier

nur aus den augen

kurz waren wir eins

haben die freiheit geteilt

ich kehre zurück

was bleibt ist erinnerung und

dankbarkeit

konsequenz

genug

wovon

des wirrwarrs in meinem kopf

genug

die gedanken im chaos geordnet

abgelegt in schubladen

bitte öffnen

wiederholtes

wiederholen schlechter inhalte

mit der hoffnung auf positiven output

genug

demnächst ist sperrmüll

rausstellen

bitte entsorgen

welt

hörst du meinen atem

meinen schritt auf deiner erde

spürst du den wind

wenn ich gehe

schwingst du mit

wenn ich singe

lass uns tanzen

ich umarme dich

je t'embrasse

mama

ich weiß du bist da

auch wenn ich dich nicht sehe

manchmal höre ich deine stimme

und rücke das sofakissen zurecht

meine spaghetti schmecken fast

wie deine

und jetzt stricke ich meinen pullover

selbst

bald ist frühling

der beginn neuen lebens

ich lass mich drauf ein

wage den abschied von alten

plätzen und orten

ich weiß

du bist da

auch wenn ich dich nicht sehe

oma

meine hand und deine hand

waren einst umschlungen

und im winter von dir gewärmt

einen apfel geteilt durch deine hand

verliehen dir magische kräfte

geliebt die kräuterbonbons in deiner

manteltasche

graues lammfell

die langen wege zu fuß von meinem

zu deinem zuhause

wie oft sind wir sie gegangen

unzählige male

lecker waren die kirschen

auf dem wege stibiezt und heimlich

genascht

ich vermisse dich

was wollen wir

halte es gut fest

oder

lass es nicht fallen

sprich angemessen

oder

sprich nicht so schnell

bleib gesund

oder

werde nicht krank

mir schmeckt das essen gut

und nicht schlecht

staub zu staub

was bleibt

wenn ich gehe

was bleibt

wenn ich liebe

was bleibt

wenn ich bleibe

was willst du

dass bleibt

was soll von dir bleiben

asche zu asche

staub zu staub

reden ist silber

wie ein wasserfall

schießen die worte aus

unserem mund

unüberlegte pfeilspitzen

tausendmal gesagt

erquickend sollen unsere worte sein

mit bedacht

achtsam gewählt

zur freude des anderen

reden ist silber

schweigen aber...

komplett

wenn alle meine kinder da sind

jongliere ich mit meinen tentakeln

durch den tag

ich bewege mich in alle

richtungen leicht und beschwingt

ist eines meiner kinder krank

oder geht aus dem haus

muss ich mich neu ausbalancieren

weil das eine oder andere tentakel

kein gegenüber mehr hat

woran es sich orientieren kann

so jongliere ich durch mein leben

als mutter mit 8 armen und beinen

loslassen

loslassen statt festhalten

lassen statt halten

stehen lassen

anschauen

beobachten statt werten

eher

wertschätzen

loslassen statt fallenlassen

alles darf sein

geborgenheit

geborgenheit

umsorgt

für mich gedacht und gehandelt

vorbereitet

ich darf entscheiden

ich bin wichtig und wertvoll

schön hier zu sein

hier sein fühlt sich leicht an

angst zu verlieren

verlieren kann ich nur
was ich besitze
kinder sind eine leihgabe
zu glauben sie zu verlieren
weil sie irgendwann gehen
ist ein zerstörerischer
gedanke
sie sind ein teil von uns und
den nehmen sie mit
zurück bleibt lediglich
eine delle

dem himmel so nah

was ist es
das mich ausmacht
meinen mut
weiter zu machen
mit unermüdlicher ausdauer
hinter allem doch einen sinn zu
sehen
weiter den steilen lebensberg
erklimmen
aus neugier dort oben
dem himmel doch ein stückchen
näher zu sein
ich liebe die stille und das einssein
mit mir
dort oben
dem himmel so nah

es hilft alles nichts

es hilft alles nichts

ich muss aufstehen

den tag irgendwie beginnen

den kopf ruhig kriegen

eins nach dem andern

tun

amen

alles hilft

alles hilft

ich stehe auf

beginne den tag

werde ruhiger

eins nach dem andern

tun

amen

lieber gott

gib mir einen roten faden

mit fähnchen dran

damit ich den nächsten schritt

erkenne

und mich an den vorigen

erinnern kann

nicht lang muss er sein

und auch nicht bunt

nur halten soll er

fest sein

eine sichere schnur

für mich als innere uhr

die ruhe findet

im takt ist

mit dem pulsschlag meines herzens

im sein

vielleicht

was ist es
das uns antreibt
immer wieder dieselben dinge zu tun
unermüdlich sich im kreise zu dreh'n
als ob sich irgendwann etwas
ändere
und trotzdem
steigen wir täglich
stündlich
minütlich
wieder ein ins rad des lebens
als ob wir einen einfluss hätten
wohin die reise geht
wüssten wir es
wäre unsere neugier erloschen
der antrieb weg
das rad uninteressant
die neugierde ist der antrieb

die hoffnung

doch noch das ziel zu erkennen und

es irgendwann

vielleicht zu erreichen

unsinn

vielleicht

blätter rauschen

die spannkraft lässt nach

ganz faltig die haut

das leben auf sand

oder

stein gebaut

es ist müßig

die frage

auch wenn sie oft kommt

wie sie sich aufdrängt

unverschämt anklopft

im hofe des herbstes

und immer wieder fallen blätter

so grau wie die haare

sie zeigen mehr und mehr

dass wir weiser werden

vor allem

weiser im geiste

was mir erlaubt milder zu sein

milder zu sein

mit mir

es rauschen die blätter

im wind und manchmal sogar

ein kleiner sturm

eltern sind unsterblich

wir sind zu jung

und nie bereit

sie gehen zu lassen

den vater

die mutter

vieles bleibt offen an fragen

wir haben ja zeit

denn

eltern sind ja unsterblich

sprachhygiene

nicht jedes wort ist des sprechens
wert
nicht jedes wort will gehört werden
nicht jeder gedanke ist des denkens
wert
stille im kopf braucht mut
mut zur langen weile
zur leere
zur neugier
zum nichts
zum nichts als sein
ohne das drum herum
zum erkennen der essenz
dem ursprünglich göttlich gelegten
samen

komm doch zurück

und jetzt

sitze da

die hände im gesicht

verstummt

hab' nichts zu sagen

auch keine fragen

vielleicht eine

wie lange noch

dauert der schmerz

der unendlich weh tut

in meinem herz

verklärt und neblig mein blick

ich will dich jetzt wieder zurück

kann nicht erlauben

dass der alltag einkehrt

mein leben ist leer

kalt und beschwert

das mir unendlich erscheint

ich habe angst

komm doch zurück

haben wir danke gesagt

wie können wir verdauen

was wir nicht kauen

wir sind beschäftigt mit

reden und denken und reden und

dann wird geschluckt

ruck zuck

haben wir bedacht

wer unser essen gemacht

den samen gesät

den keimling gehegt

den acker bestellt

die ernte eingebracht

haben wir danke gesagt

frühlingserwachen

saftiges grün

unbändige kraft

das leben will sich zeigen

nach draußen kommen

in allen farben und formen

jedes jahr aufs neue

das selbe spiel

unaufgefordert und uneigennützig

der schöpfung zuliebe

leben

wortspiel gedanken

meine erwartungen hat es nicht
erfüllt
das habe ich anders erwartet
in dem wort steckt ja auch "warten"
drin
das hat meinen vorstellungen nicht
entsprochen
das habe ich mir anders vorgestellt
es heißt ja auch "vor"-stellen
wie wäre es mit wertschätzen was ist
und dankbar sein

fokus

die zeit ist reif

wonach suchst du noch

dein weg ist bereitet

schon längst gebahnt

zerstreue dich nicht

wie wasser aus einer gießkanne

halte den fokus

bündle den strahl

und gieße

was vor dir liegt

alles auf einmal

alles auf einmal tun

alles auf einmal essen

alles auf einmal lieben

alles auf einmal

gleich

jetzt

alles auf einmal spüren

alles auf einmal riechen

betört sein

taumeln vor lust

alles auf einmal entdecken

alles auf einmal erwecken

die sinne erschrecken

alles auf einmal empfinden

liebevoll

lustvoll

sinnvoll

ich erfüllt

einmal alles

einmal alles tun

einmal alles essen

einmal alles lieben

gleich

jetzt

einmal alles essen

einmal alles spüren

einmal alles riechen

betört sein

einmal taumeln vor lust

einmal alles entdecken

einmal alles erwecken

einmal die sinne erschrecken

einmal alles empfinden

voll liebe

voll lust

voll sinn

armut

ist nicht arm an mut

armut ist

ignorant

intolerant

egoistisch

ein produkt der dualität

von erfolg und misserfolg

von arm und reich

tanz in den welten

von oben und unten

von dein oder mein

statt sein

und teilen mit allen

mit denen

die nichts zurückgeben

den ausgleich bereits geschafft

haben

durch arm sein

aushalten

ein armes sein

wenig vom außen

viel vom innern

die armen sind nicht arm an mut

sondern reich an nichts

und mutig es auszuhalten

oder anzunehmen

was bleibt

ist ein fingerabdruck in meinem
herzen
ein gefühl von geborgenheit
ein augenblick der begegnung
eine idee von unsterblichkeit

ankommen

es ist ein kommen und gehen

und doch ein bleiben

ein auf und ab

und doch ein fließen

der versuch zu entkommen

von dem was nicht ist

wird scheitern

es ist eher ein gefühl von

ankommen

wo ich schon immer war

und wieder ist es ein abschied

ein aufgehen im ganzen

unsere wiese

grün das gras

noch feucht vom morgen

die spuren der mäuse

von oben verborgen

der storch ist geduldig

stolziert und huldigt

der fülle des feldes

am himmel zieh'n wolken

die ohren betört

vom zirpen der grillen

der käfer und hummelgebrumm

ein leiser hauch streichelt die stirn

jungfräulich das freiheitsgefühl

ein kurzes aufbäumen der inneren

kraft

loslassen

vertrauen

auf unserer wiese

ein leises berühren

der inneren zartheit

gefestigt im schoß

der unendlichkeit

heimkehr

sieh den himmel

das blau zwischen den wolken

und kehre heim ins nichts

in die stille zwischen den worten

dem ungedachten

nicht gesagten

kehre heim

kein vergleichen

kein messen und fürchten

habe mut zum nichts

zur bedeutungslosigkeit zu wachsen

zur lösung vom ego

der person

kehre heim

die liebe bleibt

ohne worte

ohne worte gefühlt

bis auch wir dem irdischen entgleiten

vom sein umspült

es ist kein wiederaufleben

oder wiederholen des alten

es fängt auch nicht von vorne an

auch hat es kein ende

es gibt kein neues und kein altes jahr

es ist beständig

gegenwärtig

unsichtbar

grenzenlos

lebendig

loslassen

statt festhalten

würdigen statt fallenlassen

loslassen fordert uns auf

ins vertrauen zu gehen

weit zu werden

in der gewissheit

dass das leben für sich selber sorgt

loslassen

vorgefestigter gedanken

pläne

es muss genauso sein

loslassen

vergangenes

ungeliebtes

ungelebtes

vergangen ist vergangen

loslassen

die zukunft

nicht festhalten an projektionen

des verstandes

es wird selten sein wie wir es uns

vorgestellt haben

loslassen

die zeit

events

was wird wie sein

loslassen

die schwere

schwerelos

die mühe

mühelos

den schmerz

schmerzlos

lass los

gnade

man kann das leben nicht schneller
leben

den rhythmus nicht schneller tanzen

den kuss nicht zweimal spüren

der versuch das leben festzuhalten

verdirbt die essenz mannigfaltig

das leben kann nicht gelebt werden

es lebt sich selbst

mühelos

ohne anhaftung

gnade

wer dies erkennt und als stille verweilt

fern jeder dualität

wenn nichts mehr übrigbleibt

nicht einmal ein wunsch

nur ein tiefes bedürfnis nach

nimmer enden wollender ruhe ein

verschmelzen und eins werden

von außen und innen

es gibt nichts zu verlieren

alles illusion

es gibt nichts zu gewinnen

fern jeder dualität

weihnachten

die nacht dem wunder geweiht

dem wunder der hoffnung

dessen was kommt

dem ungewissen

zu erwartenden geschenk

der veränderung

weihnachten

das erhoffte geschenk bekommen

und der wunsch

dass das geschenk die sehnsucht

stillt

zumindest für eine kurze oder lange

weile

bedürfnislos

wunschlos

bis eine neue sehnsucht erwacht

die gestillt werden will

es ist eine sehnsucht

die stille sucht

stille

die nicht mehr gestillt werden muss

zwischen den jahren

und wieder ist das neue jahr
schon da
obwohl das alte doch gerade noch
war
was ist das nur
das ständig kommt und geht
das manchmal stürmt und
manchmal
leise weht
sich fulminant verabschiedet
und farbenfroh beginnt
ich tue so
als gäbe es kein altes
und kein neues jahr
nichts was anders
besser werden muss als es war
wenn alles einfach nur
so sein darf wie es ist

bin ich am allermeisten froh

kein schöner

höher oder weiter

mich locken kann

kein wenn und wann und dann

so spür ich es tief im herzen drin

ich will nirgendwohin

unberührt

es ist trügerisch zu denken

dass alles von vorne beginnt

ein neues jahr

ein neuer anfang

von was

wenn wir schon immer sind

bevor wir waren

ist das einzige was wiederkehrt

sich also nicht wiederholt

der lebenszyklus selbst

das leben selbst

bleibt unberührt jedweder

jeglicher wiederkehr und

wiederholung

flipperautomat

meine gefühle sind wie ein ball im
flipperautomat
immer wieder zurück auf anfang
um wieder ins spiel
zurückgeschossen zu werden
durch alle unwegsamen
straßen und wege
angestoßen
hin- und hergeworfen
wieder zurück
bloß nicht ins loch fallen
wo das loch doch wahre
erlösung verspricht

winter im schnee

hörst du die stille

im zarten blau des schnees

des weißen wintergoldes

wie watte umhüllt mich

das leise nass

und küsst meine seele zart

glückselig

wer dies zu vernehmen vermag

mutig geh' ich meinen weg

und mutig geh' ich meinen weg
den schon viele vor mir gegangen
und jeder macht ihn zu seinem
eigenen
und die furchen sind tief
jeder ist kreativ sie zu deuten
auch die höhen und die tiefen
die unsere geschicke lenken
die sinne schärfen
und die eintönigkeit ins nichts
entlassen
und manchmal
nehme ich den spaten
und grabe den weg neu um
lass' es drauf regnen und frost
drüber geh'n
und im frühjahr
wieder die samen aufgehen

hörst du wie ich denke

und lenke die gedanken
im kreis herum
hörst du wie ich denke
und finde kein ende
das sich nicht wiederholt
hörst du wie ich denke
manchmal laut und auch leise
mal stürmisch
mal weise
hörst du es auch
hörst du wie ich schweige
wie wörter leise
ungeformt im raume stehen
nicht wissend wohin
beklommen und neblig den
weg sich bahnen
ersticken will ich sie
sie bleiben ungesagt spürbar

hörst du wie ich schweige

schweigen ist laut hörbar

manchmal beklemmend

stille ist friedvoll

und einladend

vom lauten schweigen

halte ich mir die ohren zu

komm

lass uns still werden

und der liebe lauschen

eisblumen

glitzernd fein und schimmernd blau
kleben sie wie abziehbildchen
auf dem kühlen glas
ein kleiner hauch vom atem warm
und schon verschmilzt
der traum

langeweile

es ist gut
lang von einer weile zu haben
und die langeweile zu genießen
es zu kosten wie zeitlos
die zeit verfliegt
kurzweil dient dem konsum
davon hat man gefühlt nie genug
maßlos wird der kurz-weil-genuss
auf der suche nach erfüllung
gut ding will weile haben
lange weile

wintergrau ade

fort bläst der wind das wintergrau

und aus den wolken das himmelblau

in fetzen von oben fällt

das herz erwacht

mit neuem mut

die zuversicht erhellt

was lange schlief

unter eis und schnee

zum schlafen gedacht

jetzt wieder zum leben erwacht

vorbei ist die dunkle nacht

der frühling kommt gebt acht

und übernimmt die macht

ganz sacht

frühling

hörst du das schmatzen

das frische grün der bärentatzen

das sich emporragt

dick und fett

der sonne entgegen

hörst du es wachsen

zwischen den halmen

wie es emporsteigt

das feuchte nass

es kriecht und es wuselt

es schleicht und harrt aus

bis der moment kommt

mit vollem gebraus

dem himmel entgegen steigt

der gnade anheim

uns zu begegnen

danke dem sein

bunt

grasgrün

morgenrot

himmelblau

sonnengelb

laubgrün

erdbraun

abendrot

regenbogenbunt

taubenblau

rosenrot

sonnenblumengelb

mausgrau

fliederfarben

abendstille

morgentau

grau

nebelverhangen mein blick

zurück ersehne ich die sonne

nicht die

hinter den wolken

sondern die in meinem herzen

lebensherbst

es gibt häuser und straßen
die manchmal in maßen
mir ins gedächtnis hüpfen
und damit die menschen der
kindheit mit meiner erinnerung
verknüpfen

dann suchen gedanken
sich pfad um pfad
was denn noch an erinnerung
hochkommen mag

auch blätter im herbst
bunt raschelnd und viel
laden mich ein zum
kindergartenspiel

was waren die berge
der blätter hoch
hineingehüpft und regnen lassen
von oben herab

die blätter tanzend fallen

es riecht und duftet nach laub

gras und warmem sonnenlicht

es ist soweit

willkommen im herbstelicht

intim

der hund mit mir oder ich mit ihm
beide draußen
bei wetter und wind
ein spaziergang zu zweit
ohne handy und
menschengeplapper
ist jedes mal aufs neue
schön und auch ein bisschen intim

es lohnt sich nicht

und wieder hineingerutscht

in den aktionismus

der unwirklichen gedanken

die angeblich reale welt zu besitzen

wohl dem

der innehält zu erkennen

dass da wirklich nichts ist

was zu erhaschen sich lohnt

augenhöhe

es ist die augenhöhe
die mich in deine augen blicken lässt
auch ohne auf zehenspitzen stehen
zu müssen

auflösen

die sonne schauen

aus der ich strahle

die luft atmen

aus der ich bin

gewahrsein

dass weder kommen noch gehen ist

auflösen der dualität

die es nicht gibt

was war

das war

was kommt

das kommt

was ist

ist jetzt

im augenblick

kein zurück und kein nach vorn

es nimmt der furcht den dorn

statt illusion und projektion

das sein im jetzt erkennen

denn nur das jetzt ist wirklichkeit

kein dann und wann und zeit

so bleiben wir unberührt

von ewigkeit zu ewigkeit

transformation

ausgedient der alte körper

noch bunt und samtig weich

labst dich am sonnenschein

durchziehst die wiese

bald kehrst du heim

ziehst dich zurück

spinnst dich ein und verweilst

der göttliche plan holt dich wieder

und du tanzt das leben neu

willkommen

schön

dass es dich gibt

unbeachtet

der wind treibt mich fort

von links nach rechts

kurz bleib ich liegen

dann geht's weiter

am bordstein vorbei

über pflaster und asphalt

meine reise ist lange nicht zu ende

ich habe unverhofft die ebene

gewechselt

wer weiß

wie hoch es noch hinausgeht

dunkel ist die nacht

lau der wind

die menge schreit mich in den schlaf

ich ruh' mich aus und sehe

ich bin nicht allein

vielleicht tun wir uns zusammen und

fliegen gemeinsam davon

solange die kraft noch reicht

alles noch schnell erledigen

solange die kraft dazu noch da ist

auch im meer ist herbst

rosa blüten wälzen sich im sand und
dornengestrüpp setzt sich fest
schon türmt sich der sand von land
und meer und bildet kleine hügel
grünes seegras säumt das ufer und
verströmt den duft des fischermeeres
weit draußen blau
ein dunkler streifen
horizontweit
gitarrensolo klingt aus den boxen
relikt vergangener zeit

schwere

eine schwere lastet auf meiner seele

als ob sie mich in die tiefsten

tiefen der hölle zieht

endlose nacht

blätter am seidenen faden

schweben

und landen

endlose nacht

wir werden so lange bleiben

bis das leben genug von uns hat
wir werden so lange bleiben
bis das leben uns gehen lässt
wir bleiben und gehen
und wir gehen und wir bleiben
wohin
ist egal
egal wohin

die wolken in schwarz getaucht

der donner rollt dunkel heran

der krahn dreht sich im wind

das führerhaus verwaist

die tropfen klingen hohl

und die vögel eilen heim

ein kühler wind vertreibt die schwüle

und das grollen hüllt mich ein

die blätter rauschen

und tanzen im wind

der grummelteppich breitet sich aus

gemütlich hier bei mir zuhaus'

die blätter tanzen durch die luft

es blitzt und kracht ganz laut

die klangspiele

aneinanderschlagen keine musik

eher ein klagen

der wind steht hoch

ockergelb die bäume

noch dunkel vom grün

die wolken hängen tief und lassen

sich fallen

sonnengelb die felder aus raps

die sonne leuchtet

von unten nach oben

die räder voll wind im kreis sich

dreh'n

stille riesen am horizont

vorbei an höfen und alleen

dem firmament entgegen

für rudi

stille

auszeit

wohin soll ich gehen

die mücken tanzen

von fern hör' ich die vögel

ein leichtes wehen über meiner haut

es ist sommer

zeit zu gehen

das leben lähmt dich

nimmt dir die sinne

die sprache

trübt deinen blick

kommst du zurück

und wieder sag ich „adieu" und höre

dich sagen:

„einen gruss an deinen menne"

die feder

die ich fand

war einst in deiner hand

jetzt ist sie in meiner tasche

und wartet auf den platz

für ein gedicht

gebraucht zu werden um

nicht nutzlos im wald zu liegen

sondern einen neuen ort zu kriegen

weil jetzt kann sie nicht mehr fliegen

zur erinnerung

mutter ist frau

nicht

mutter wird frau

jeden tag auf's neue

sie schweben dahin

am abend leuchten die fischerboote

wie herabgefallene sterne

sie schweben dahin

im wiegenlied des ozeans

wenn der mond das spotlight

anknipst und

die wellen versilbert

chilli

mein herz

mein seelenfreund

mein gartengefährte und

schmetterlingstänzer

leuchtend rot schmückst du das

blumenbeet

und küsst die rosen beim

vorüber geh'n

wie wohl es tut dich

um mich zu haben

wir verstehen uns ohne worte

auf leisen pfoten schleichst du dich

heran und legst dich am liebsten

mitten ins gebüsch

schnee-winter-kinder-wunderland

die blätter haben vergessen

umzuziehen

der schnee hat sie überrascht

und mit puderzucker überzogen

festgefroren warten sie

bis sie von der sonne befreit werden

und zur erde sinken dürfen um den

letzten winterschlaf anzutreten

der engelsstaub fällt in schwaden

von den bäumen

und glitzert im sonnenlicht

der frost lässt die bäume

im eis erstarren

und ein dickes weißes kleid

ummantelt sie zauberhaft

und der mond strahlt silbern kalt

schaut vom blauen himmel herab

und alles ist wie märchenland in

weißes geschenkpapier verpackt

eine momentaufnahme des

stillen friedens

auf stopp gedrückt angehalten

festgezurrt

auf eis gelegt

mit dem wunsch

es möge eine weile einfach so

bleiben

schnee-winter-kinder-wunderland

du fehlst

heute ist so ein tag

die sonne scheint

und du fehlst mir heute ganz

besonders arg

mit freude im sandkasten landen

ich sitze am anfang der rutsche und
warte
bis ich hinausgeschleudert werde
ins neue jahr
in einer geschwindigkeit
die meine ist
ich möchte im rondell
des karussells sitzen
und alles drum rum
im kreis sich dreht
ich möchte sitzen bleiben
selbst den moment bestimmen
wann es für mich zeit ist
hinabzugleiten
in das neue jahr um mit schwung
und freude im sandkasten landen

den douro nach westen

und plötzlich ist die stille laut

die enten fliegen

die mücken tanzen

die reiher schweben

moosgrüne felsen liegen

nackt am strand und das

bambusgras biegt sich

in lauer briese

im geiste klingen die kuhglocken

weil sich alles so ähnlich anhört und

ein bisschen so aussieht

und oben auf dem berg

von diesem ort

thront ein fussball

dem wort entrinnen

und weitergeh'n

dem lebensrad entgegendreh'n

dem winde folgen

egal wohin die flügel tragen

dem wort entrinnen und

weiterspinnen

das gedankengeflecht

es ist nicht echt

verwirrt uns nur

dem wahren leben auf der spur

die breite bahn will ich mir wählen

und ganz gemütlich mir erzählen

dass dies die richtige wahl gewesen

mich zurücklehnen

genießen und lesen

zuhause

ist wenn die Dinge so sind
wie sie schon immer waren

der dichter

dieses feine und zarte männlich

behaarte sanfte geschöpf

auf der bühne zur wahren größe

erbebt

sich lautlos mit worten und gesten

erhebt

lebendig wird mit haut und haar

fast theatralisch ekstatisch und wahr

der trauer in sich versucht zu

entrinnen

das spinnende hirngespinst weiter zu

spinnen

bis ein netzt aus gedankengeflecht

die worte einfängt

am himmelszelt

die aufgereiht wie perlenglieder

vorm inneren auge

wieder und wieder vorüberziehen

um mit diesen worten

die ruhe zu finden

die zwischen den zeilen

leider verrinnen

unerschöpflich göttlich

eine welle im ozean

fließt unaufhaltsam

ihrem ziel entgegen

sie breitet sich aus

sucht ihren weg

über alle höhen und tiefen

des meeresgrundes

mal leise

mal stürmisch

mal unbemerkt still

mal überschäumend oder kräuselnd

sanft sich am ufer ergießend

lass dich umspülen

am strand deiner sehnsucht

von wellen der liebe

unerschöpflich

göttlich

der himmel macht keine fehler

was bleibt ist die dankbarkeit
beim zurückblicken auf's letzte jahr
vernebelte sicht
eißige bergspitzen tauchen auf
als highlights des jahres
vorbei
manches wiegt schwerer
im nachhinein
und erleichterung kehrt ein
alles ist gut gegangen
und mein leitspruch bleibt
der himmel macht keine fehler
darauf vertraue ich fest

der augenblick innigster liebe

zur mutter gemacht

und nicht geboren

von einem wie dir

dazu auserkoren

ob sohn oder tochter

geschlechterneutral

verändert sich alles für immer

auf einmal

zeit zum wachsen und gedeih'n

vom anfang der zelle

bis zu den weh'n

sind schnell vergessen

die schmerzen und sorgen

die zukunft

was sein wird im inneren verborgen

ich wünsche mir manchmal

den moment zurück

wo alles noch neu war

im mutterglück

vom kinde geplant

die minuten des tages

die nächte durchwacht

das geschenk des moments

des augenblicks innigster liebe

und der wunsch

dass dies immer so bliebe

es tut weh

emotional arbeitslos

von heute auf morgen

nur noch wir

und jetzt

emotional arbeitslos

unerwartet von heute auf

morgen das kind ist ausgezogen

und jetzt

nur noch wir

die chance

emotional arbeitslos

lang ersehnt

die ruhe

die stille

es ist ruhig und still

nur noch wir

und jetzt

nur noch wir

neuanfang

ungewohnt still

keiner zuhause

die katzen irritiert

die blumen vertrocknet

die zimmer verwaist

auf der suche nach emotionaler

normalität

erblasst die erinnerung an

vergangene jahre

peng

da klatscht der mohn
peng
fett auf die wiese
unverschämt rot und zart
wie eine feder
wie er sich neigt im briesenwind
leicht flattert wie ein schmetterling
schmetterlingsleicht

glück

die rose

der duft

der hahn

kräht laut und stark

die feige

die farbe

der geschmack

champagner

der raum

die kinder

lachen

reden

sitzen

kochen

essen

genießen

glück

punkt

gedankenfetzen über mir

zu schwer sie von dort zu holen

der raum um mich nicht schwerelos

ich höre wie die taste der

schreibmaschine den punkt setzt

endgültig

wie ein statement

eine bestätigung

so ist es

punkt

vorbei

ich bin sie gegangen

die alten wege

erinnerungen

freude und schmerz

und manchmal ein lächeln

einen atemzug angehalten

und kraftvoll ausgepustet

vorbei

zum glück

das selbst ist sein

durch das ich

ein du

durch das wir

ein uns

sternenstaub

sternenstaub

vom himmel fällt

so hell so rein so klar

erinnert mich so manches mal

an goldnes engelshaar

umgeben von der gottes hand

geborgen still und leis'

im herzen klingt der himmelschor

und singt von gottes licht

wenn alle sich erinnern nur

das ewige leben anbricht

im hier und jetzt auf ewigkeit

mit voller zuversicht

den abzug lösen

entspannen

im zug des lebens

den abzug lösen

ausatmen

den blick weiten

über das ziel hinaus

nichts anvisieren

den eigenen rhythmus spüren

ohne zu suchen

ruhe finden

keine wahl ist ein segen

geschehenes

ungeschehen machen

um erinnerungen zu vergessen

wer bin ich

ohne vergangenheit

würde ich mich

neu entdecken wollen

mit neuem geschehen

und neuen erinnerungen

manchmal

ist keine wahl

ein segen

wo schwirren sie rum

kein wort will sich schreiben
es steckt im äther fest
als ob es nichts zu schreiben gäbe
keinen plan
keine form
keinen text
wo schwirren sie rum
die wörter
ungesagt
wann wollen sie landen
wo kommen sie her
sie stecken noch immer fest
im äther

huch

da ist es vorbei

schluss

aus das alte jahr

hab' ich damit abgeschlossen

den schlüssel weggeworfen

hab' ich es gesehen

gelebt und wertgeschätzt

was gelernt

was neues erfahren

rückblickend verschwimmen

fassaden

straßen und räume

zeitraffend

im schnelldurchlauf

bleibt wenig hängen an mir

in den startlöchern steh' ich

und will nicht los

freundschaft

verbunden im herzen

über die jugend hinaus

leben

verbunden im herzen

dankbar leben

und feiern ein fest

dankbar demütig

und feiern ein fest

unser fest

demütig

zusammen ein leben

unser fest

dem himmel sei dank

zusammen ein leben

über die jugend hinaus

dem himmel sei dank

freundschaft

neidisch bin ich

auf die gut gelaunten

die tanzend durch das

leben rauschen

in mir da raunen dunkle gedanken

die mich erfassen mit

starken pranken

und nieder drücken

mich tief bücken

mein blick zum boden geneigt

auch wenn es neu ist das jahr

bin ich's schon leid

dafür gemacht

dafür bin ich nicht gemacht

für lautes geschrei

schläge ins gesicht

nicht für durchwachte nächte

lauwarmes gericht

nicht für lange hälse und

tiefe schluchten

für unzählige kisten

voller alter geschichten

dafür bin ich nicht gemacht

nicht für schwere lasten im

herzen zu tragen

sich ewig erinnern an

unerträgliche plagen

für seen voller tränen und

berge voll schutt

trübe tage ohne mut

ich bin gemacht für stille am see

für selbst mich

umarmen

ganz ohne weh

für mutig zu sein

egal für was

für ja sagen zum leben

ohne last

mit der welle zu treiben

ermöglicht mir im meer zu spielen

sich gegen sie zu stellen

nimmt mir den boden

unter den füßen

ich gehe schritte im sand

die welle kommt
und spült sie weg
ich war nie da

möwen

still stehen die möwen im wind

regungslos

getragen

einfach so

still treiben die möwen auf see

anmutig

gekonnt

einfach so

bereit die richtung zu wechseln

jederzeit

einfach so

die farbe grau

für jemanden
der in schwarz oder weiss
denkt ist grau
eine gewagte farbe

du fehlst

diese stille

diese leere

dieses nichts

wie watte im kopf

ich sehe dich

ich höre dich

ich fühle dich

ich erinnere mich

du fehlst

nest

einst ein ort der geborgenheit

im grün des baumes versteckt

im winter entlarvt und

nackt gesehen

in den wipfeln der bäume

im frost erstarrt

für neues leben im nest

worte sind eine hülle

die dich bekleiden

und deine seele umarmen